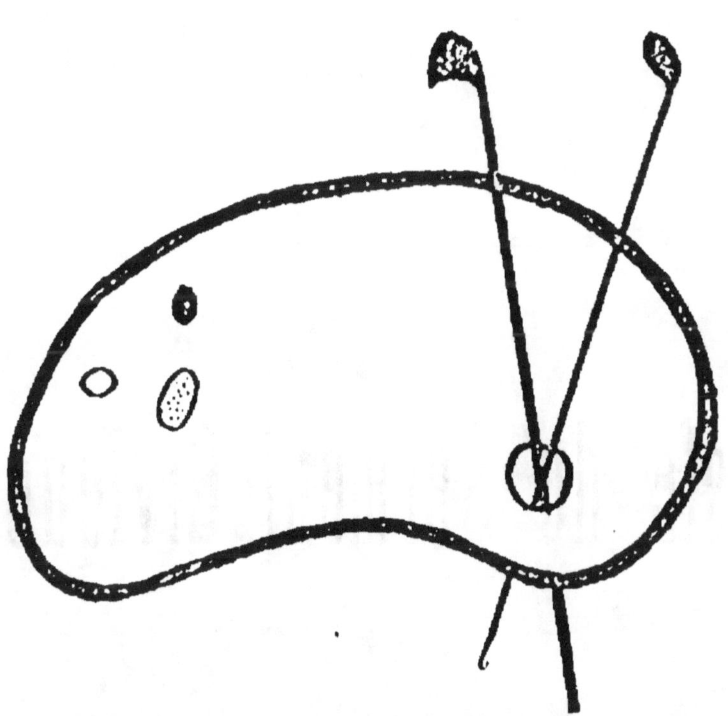

DEBUT D'UNE SERIE DE DOCUMENTS
EN COULEUR

LES

MONTLUÇONNAIS

DE 1790

Liste du Serment Civique

PRIX : **20** CENT.

MONTLUÇON
IMPRIMERIE MONTLUÇONNAISE, AVENUE DE LA GARE.

1896

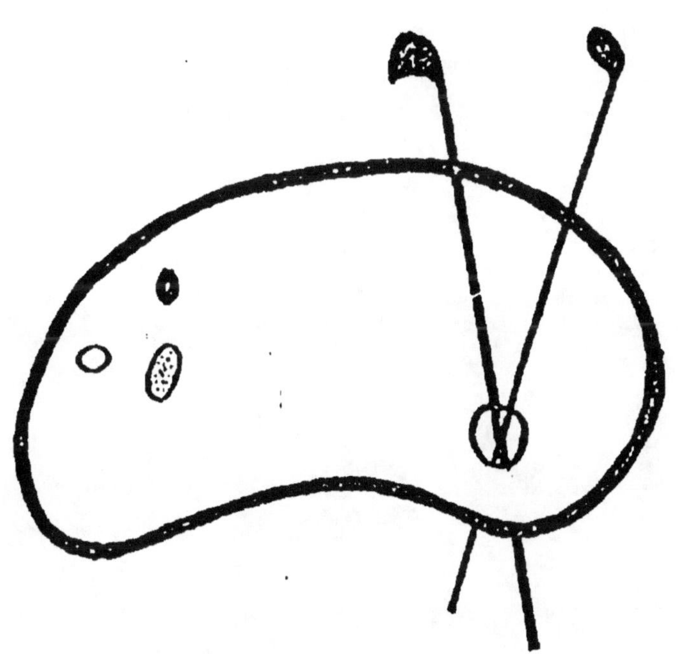

FIN D'UNE SÉRIE DE DOCUMENTS
EN COULEUR

MONTLUÇONNAIS

DE 1790

Liste du Serment Civique

PRIX : **20** CENT

MONTLUÇON
IMPRIMERIE MONTLUÇONNAISE, AVENUE DE LA GARE.

1890

LES MONTLUÇONNAIS

DE 1790

LISTE DU SERMENT CIVIQUE

Le 14 février 1790, l'*Assemblée générale des habitants de Montluçon*, « convoquée par publications faites au son du tambour par le préconiseur de la ville, par affiches aux portes de toutes les églises et annoncée aux prônes des paroisses », arrêta ce qui suit :

« A compter de ce jour jusqu'au dimanche 21 du présent mois exclusivement chaque citoyen actif de cette ville sera tenu de prêter individuellement dans la salle de l'Hôtel de Ville, en présence du quart au moins de MM. les officiers municipaux et des notables, depuis deux heures du soir jusqu'à quatre, le serment civique prononcé par les députés de l'Assemblée nationale dans la mémorable séance du 4 février (1) ;

« Il se tiendra dimanche 21 du présent mois une assemblée générale à laquelle le secrétaire de la municipalité rapportera une liste de tous les citoyens qui auront prononcé le serment civique et une autre liste de ceux qui ne l'auront pas prêté, sauf à l'égard de ces derniers à aviser en ce qu'il appartiendra ;

« Outre le serment individuel qui sera prêté par les officiers et soldats de la Garde Nationale de cette ville, cette troupe renouvellera le serment en corps et sous les armes en présence de Messieurs les officiers municipaux ;

---

(1) Le délai fut prolongé jusqu'au 25 Le 21, on décida que « deux officiers municipaux se transporteraient, pour recevoir leur serment, chez les citoyens malades ou incommodés au point de ne pouvoir monter l'escalier élevé de l'Hôtel de Ville ».

« Les procès-verbaux de prestation de serment seront
envoyés à l'Assemblée Nationale et au Roi. Le présent arrêté
sera pareillement envoyé à l'Assemblée Nationale et au Roi,
avec des adresses dans lesquelles seront exprimés les senti-
ments de respect et de fidélité dont est pénétrée la Commune
et il sera incessamment publié et affiché aux portes des églises
paroissiales et sur les places publiques ».

L'unanimité des citoyens répondit à cet appel. Nobles et
roturiers ; gens d'épée, de robe, d'église et de métiers, tous
défilèrent devant le greffier de la Commune. Peu ou point d'abs-
tentions. Un besoin de fraternité, né des circonstances, réunit
la signature du châtelain et la déclaration du laboureur. Pendant
douze jours les noms de nos bisaïeux s'alignèrent sur le registre
municipal, dans l'ordre des prestations, égalitairement.

On chercherait vainement avant la Révolution un document
présentant, avec cette précision, l'état de tous les citoyens
actifs d'une ville où les trois ordres étaient représentés, mais
dont un seul figurait au complet sur le rôle des impôts. Classée
méthodiquement, la liste du serment civique peut donc
constituer une sorte d'*Annuaire Montluçonnais*, non pour
l'année, mais pour une partie de l'année 1790, exactement pour
la deuxième quinzaine de février.

L'Assemblée Nationale commençait alors la démolition des
institutions séculaires de la royauté, et sept mois plus tard il
n'y avait plus ni vice-sénéchaussées, ni gabelles.

De sorte qu'en publiant les noms des fonctionnaires, des
bourgeois et des artisans de cette époque, nous surprenons
in extremis le Montluçon de l'ancien régime. Les roturiers qui
figurent dans cet annuaire rétrospectif sont les derniers taillables
de la Commune, les nobles les derniers privilégiés ; et les titu-
laires des charges vénales ou des offices judiciaires sont les
derniers procureurs et les derniers élus en l'Élection.

Ils furent aussi les premiers représentants du pouvoir
nouveau. L'hérédité des fonctions se maintint de fait, sinon de
droit, par la force de la tradition et la concentration des capacités
dans une seule classe de citoyens.

Ces officiers de police, ces procureurs du roi, nous les
avons retrouvés juges du district et commissaires du directoire
exécutif. Le Roi les nommait, la commune dut les élire. Ils

remplirent leurs fonctions civiques comme ils avaient; tenu leurs anciennes charges : sans passion politique. Leur plume fidèle signa les proclamations de la Convention comme elle avait paraphé les adresses au roi.

De même, ils organisèrent les fêtes révolutionnaires, comme ils avaient organisé autrefois celles des confréries. C'était toujours une messe, un banquet, une procession (1) et des violons. Mais la messe était célébrée sur l'autel de la Patrie, à l'ombre de l'arbre de la Liberté ; la *Marseillaise* suivait le *Te Deum*, et la procession s'agrémentait de la Garde Nationale.

Montluçon traversa sans secousse cette formidable époque de transition. Uniquement préoccupés des intérêts locaux, nos grands-pères changèrent de cocarde avec l'indifférence du bourbonnais de la plaine. Et la succession dans les fonctions et les métiers, au milieu de ce scepticisme tranquille et gai, se perpétua encore au sein des familles montluçonnaises, où l'on était notaire, avocat, médecin, boulanger, hôte ou vigneron, de père en fils.

ALEX. GIRAUD.

—⋅✠⋅—

---

(1) Le 16 avril 1792, la municipalité approuva un mémoire de 60 livres présenté par Barthonnet, sacristain de Notre-Dame, « pour fourniture de luminaire aux processions et réjouissances publiques ».

LISTE DES CITOYENS ACTIFS (1) DE MONTLUÇON

QUI ONT PRÊTÉ LE SERMENT CIVIQUE DU 14 AU 25 FÉVRIER 1790

JURIDICTIONS ROYALES

CHATELLENIE ET POLICE

Châtelain : Jean-François de Bonnefoy du Mont.

Lieutenant civil et criminel : Alexandre Raby.

Lieutenant général de police : Martinet de Lavernate.

Lieutenant général de police vétéran et conseiller honoraire : Joseph Boirot.

Lieutenant particulier : Duprat fils.

(2) *Substitut :* Chevalier de la Prugne.

Greffier en chef : Gilbert Durin.

Commis-greffier : Grozieux de Laguérenne l'aîné.

Huissier au criminel : Jean-Joseph Jacque.

BUREAU DES FINANCES DE MOULINS

Trésoriers de France : Jean-René Garreau du Planchat; Abdon-Jean-René Garreau du Planchat; Pierre-Jean de Bonnefoy du Mont; Pierre-Jean de la Brosse.

Avocats du Roi : Perethon de la Mallerée; Perethon de la Châtre; Pierre de la Brosse.

ÉLECTION

(3) *Lieutenant :* Bourel de Labussière.

Procureur du Roi : Pierre Duchet.

Officiers : Claude de Lagrange, Dupesroux fils.

Élus : François Fourneau de Crebert, Gilbert-Bon Martinet de la Croze, Antoine Deplaigne.

Greffier en chef : Alexandre Duchet.

GRENIER A SEL

Président : J.-B. Berthet, sieur du Plaveret.
Procureur du Roi : Pierre Georges.
Substitut : Pierre Tardé du Mousseau.
Huissier : Gilbert Michelon.
Receveur : Boisrot de Lacour.
Contrôleur : André Dagard.
Grenetier : Ch. Renard.

TRAITES FORAINES

Président : Jacques-Antoine Jaladon de la Barre.
Lieutenant : Gilbert Fourneau des Ferrières.
Procureur du Roi : Etienne Duprat de Marcoin.

SUBDÉLÉGATION

Subdélégué : Claude-Bon Perrot.

BUREAU INTERMÉDIAIRE

Receveur-syndic : Bon-Gilbert Perrot de Chezelles.

IMPOTS

TAILLES

Receveur : Alexandre-François Cluzel de Sauget.
Collecteur : François Giganon, marchand (1).

GABELLES

Capitaine : Simon Bornet.
Employés : J.-François Giard, Jacques Deriège, Pierre Boulet.

AIDES

Receveur : Jacques de Rochecorail.
Commis : J.-B. Brandely, François de Marville.

---

(1) Collecteur perpétuel depuis 1787, moyennant 100 livres et une remise de 6 deniers par livre (deux et demi pour cent).

Receveur-contrôleur des actes : Robert-Guillaume de Lavallas.

Commis : Antoine Pélicat.

DROITS SEIGNEURIAUX

Commissaires : Gabriel Gaillard, Deroiville.

EAUX ET FORÊTS

Arpenteur royal en la maîtrise des eaux et forêts de Cérilly : Claude Dhéré.

VOIRIE

Conducteur des travaux du Roi : Joseph Passevent.

POSTES

POSTE AUX LETTRES

Directeur : Jean Guérin.

POSTE AUX CHEVAUX

Directeur : Gilbert Fretet fils.

FORCE PUBLIQUE

MILICE BOURGEOISE

Commandant : Pierre-Amédée Aujay de la Dure.

MARÉCHAUSSÉE

Sous-lieutenant : Claude Perrot des Chalais.
Brigadier : J.-B. Lécuyer.
Cavalier : Louis Gendre.
Concierge des prisons : Pierre Bellat.

ADMINISTRATION COMMUNALE

Maire : Chevalier de la Prugne.
Officiers municipaux : Chabot Charles, notaire royal ; Duchet, avocat et procureur ; Cornat, avocat ; De Rolville, commissaire en droits seigneuriaux ; Petitjean, avocat (1).

---

(1) Vidal, notaire ; Cantat, avocat ; Brugiers de Lamothe, négociant. *Procureur de la Commune* : Meillet

Notables : Desmarest ; Joye, procureur ; Cornereau, marchand ; Michel, changeur ; Jouannique, huissier ; Moreau, huissier ; Canillac, apothicaire ; Giganon, marchand ; Petit, notaire ; Durieux, curé de Notre-Dame ; Tantôt, chirurgien ; Fretet fils aîné, marchand ; Dupeyroux fils, officier ; Jacques, huissier ; Brosset, menuisier ; Mourlon, marchand-fermier ; Duprat fils, lieutenant particulier de la châtellenie ; Renevier, principal du collège.

FONCTIONNAIRES DE L'HOTEL DE VILLE

Secrétaire-greffier : Grozieux de la Guérenne.
Trésorier de la commune : Meunier des Gouttes.
Clercs de ville : Roch Dechaud, Hyacinthe Constant.
Commissaire de police : Mathieu Boseq.
Tambour préconiseur : Le Brun.

HOSPICES

Administrateurs de l'Hôtel-Dieu : Gilbert Baudeau de la Faye ; Claude Chacaton.
Receveur honoraire de la Charité : J.-J. Raby, marchand.
Médecins des maladies épidémiques : Pradine ; Deplaigne.

CLERGÉ

PAROISSE DE NOTRE-DAME

Curé : Georges Durieux.
Vicaires : Louis-Marie Berroyer ; François-Grégoire Petit.
Communaliste : J. Belin.

PAROISSE DE SAINT-PIERRE

Curé : Emmanuel-Philibert Boulet.
Vicaires : J.-B. Gozard ; Claude Michelon.
Communaliste : François Gourdon.
Sous-diacres : Pierre Petit ; Jean-Raymond Portier ; Antoine Aujay (1).

CHAPITRE DE St-NICOLAS

Doyen : Bourgougnon du Verger.
Chanoine-syndic : Aubergier.

---

(1) Les sous-diacres appartenaient aux deux églises.

Chanoines : Jean-Raymond Guillomin ; Marie-Antoine Vidal ; Marie-Antoine Harault ; Pierre Perrot ; Guillaume de la Bletterie ; Benoît.
Vicaire : Claude Luilier.
Sacristain : J.-B. Trimouille.

CORDELIERS

Etienne-Joseph Memoude ; Jacques Cassière ; Antoine Bathonnet ; Pierre-François Brandely ; Anne-Joseph Souchard, *gardien*.

CAPUCINS

Claude Macadier ; J.-B.-Martin Eloy, *vicaire* ; Louis-Sigismond Lelieur, *gardien*.

ENSEIGNEMENT

COLLÈGE

Principal : Abbé Renevier (1).

MAITRES D'ÉCOLE

Claude Duval ; Mathieu Goueret.

OFFICES, CHARGES & PROFESSIONS LIBÉRALES

Procureur du Roi du fait commun : Pierre Duché.
Recereur et contrôleur des saisies réelles : Antoine Petit.
Changeur : B. Michel.
Revendeur de sel à petites mesures : Jacques Dumont.
Garde-haras : J.-B. Duchet.
Notaires : Ch. Chabot, J.-B. Meunier, Vidal, Petit, Perceau, Thévenet, Lépinard, Grivat.
Procureurs : André Jabin de Chezeauverd, doyen ; Gilbert Joye ; Philippe Fargin ; Benoist ; Lépinard ; Pierre Georges.
Huissiers : Jean Renon, Jean Romhne, Agnan Touzet, Dominique Mazeron, Claude Loubert, Jouannique, Moreau, Jean-Joseph Jacques, Michelon aîné.
Sergent : Pierre Coulhon.

---

(1) *Régent :* Abbé Morel.

Avocats : Claude-Bon Perrot, Cornat, Benoist, Jean-Gilbert Perrot de Champriant, Philippe-Alexandre Raby, Antoine Chabot, Pierre Piron, Duchet, Pierre Duché, Gilbert-François Meunier-Dessagne, Petitjean, Cantat, Meillet.

Praticiens : Désiré Dupuy, Charles Mourlon, Roch Richard fils, Simon Belin, Léonard Fargin, Gilbert Guillemin, Jean Forestier, praticien dans les contrôles.

Médecins : Antoine Deplagne père, Paul-Joseph Deplagne fils, Cornereau Pierre, Boyrot.

MARCHANDS ET ARTISANS

Marchands : J.-B. Giganon, J.-B. Giganon fils, Gabriel Chapelard, Jean Aufaure, Claude-Antoine Chevalier-Joly, Etienne Lagrave, Pierre Palard, Claude Petauton, Joseph Foussat, François Boucher-Doreau, François Latour, Cornereau, Gilbert Pérasse, Jacques Serre, Fretet fils aîné, Jean-Annet Godignon, Claude Brezigan, J.-J. Raby, Brugière de Lamothe, Hyacinthe Berthon, marchand de draps, Mourlon, marchand-fermier.

Entrepreneurs : François et Antoine Barjaud, frères, entrepreneurs des grandes routes.

Chirurgiens : Jean Yves, J.-B. Geminet, Antoine Lépinard, Roch-Alexandre Dechaud, Pradine.

Apothicaires : Michel, Canillac.

Droguiste : Paul Ruchon.

Chapeliers : Antoine Brisson, Hippolyte Lamy, Pierre Debloux, Antoine Trettet, René Boudard.

Chamoiseur : Blaise Tabardin.

Tanneurs : Léonard Ledoux, Cornereau!

Orfèvres : Antoine Sabouret, Gilbert Sabouret, Joseph Dessalle.

Seryiers : Jean Quitard, Labourdellerie Pierre, Labourdellerie Gilbert.

Tisserands : François Chatron, Michel Thomas, Gilbert Delorme, Pierre Champommier, Louis Cantal, Augustin Lagarde, Gilbert Pérasse, Claude Pérasse, Léger Bougerol, André Trachien, François Aupetit, Julien Tixier, Antoine Basset, Gilbert Auroux, Jean Auroux, Gilbert Denis, J.-B. Aupetit.

Aubergistes : Louis Gagnière, Jacques Nuret dit Lebon, J.-B. Duchet.

Cabaretiers : François Raynaud, Charles Chaudiat.

Cafetier : Claude Tavenot.

Limonadier : Joseph Branche.

Billardier : Pierre Giraud.

Traiteur : Jean Tranchant.

Boulangers : Mathieu Poumerol, Gilbert Poumerol, Jean Falvard, Elie Chartron, Joseph Cousson, Nicolas Gandolin, Pierre Vanier, Auguste Martin, Nicolas Châtelard, J.-B. Michard, Marien Debloux, Joseph Deuron, J.-B. Debloux, Julien Decourthial, Gabriel Desevaux, Guillaume Bouchereau, Antoine Tomazon, François Peige, Gilbert Cheville, Marien Bonvin, François Joye, Pierre Reliant, Gilbert Perrot, Gilbert Michel, Jean Bonnichon, Jacques Legroin, Cachot, Antoine Buxerole, Louis Vacant, Jacques Vacant, Jean Aubezon, Antoine Dhume ; Jean Luilier, ancien boulanger.

Meuniers : Denis Clostre, Mathieu Pinthon.

Bouchers : François Larry, Louis Vincelet, Blaise Villeneuve, Jean Deneuvy, Thomas Blanchard, Antoine Denis, Gilbert Bonnichon, Jean Gounot.

Charcutiers : Michel Bonnet, Jean Bierjeon.

Cordonniers : Antoine Bouchereau, Jean Fougère, Antoine Meunier, Gilbert Argence, Pierre Bourdier, J.-B. Metton, Gilbert Frade, Silvain Bouchereau père, Pierre Venet, Claude-François Roujon, Martin Deneuvy, François Gandolin, François Gendry, Antoine Gendry, Sébastien Desevaux.

Gallochiers : Jean Mercier, Guillaume Girard.

Perruquiers : J.-B. Bagard, Louis Fournier, Jacques Nuret, Pierre Kurgenne dit Grandmanche, Michel Lagarde, François Gandolin, François Geminet, François Delignère, Paul Baillot, Antoine Lamarre, Jean Lulier, Pierre Trimouille, garçon.

Tailleurs : Sébastien Moitron, Louis Mercier, Pierre Bonnichon, Gilbert-Joseph Constant, J.-François Bazin, Jean Cajat, Gabriel Saunier, Jean Barret, Gilbert Charière, Gilbert Cante, Gilbert Grouleau père et fils, J.-B Barthiaut, Jean Godignon, Etienne Aujay, Louis-Arraud Rebierre, Michel Repauzet. Joseph Chantoiseau, Antoine Dumalanède, Jean Mory, J.-B. Pacouret, Claude Clauthier, Jacques Bonnet, François Aujay, François Vidal, Neyraud, *piqurier* ; Pierre Martin, garçon ; Alexandre Lapaire, tailleur pour femmes.   — —

Teinturiers : Alexandre Cartier, Jean Conord, Bravy Labre, Gilbert Cartier, Pierre Depeige, Jean Cadrieux, Marien Giraud, Pierre Minet.

Menuisiers : Annet Beauclard, Antoine Mallet, Philibert Denoux, Jacques Joye, Jean Goueret, Mathieu Gandolin, Charles Davenière, Charles Aubrun, Brosset.

Tapissier : J.-B. Lescure.

Tourneurs : Jacques Regrain, Gilbert Legrand, Claude Legrand, Nicolas Toupet.

Maçons : Jacques Malterre, Jean Bichon, Gabriel Bizet, Gilbert Raynaud, Gilbert Bord.

Tailleur de pierres : Jean Resizat.

Charpentiers : Joseph Myon, Jean Couturier, François Couturier fils.

Couvreurs : André Beauclard, Antoine Beauclard, Meaume le jeune, Nicolas Maume, Jean Buxerolle ; J.-B. Biergeon, couvreur à tuiles.

Vitrier : Gabriel Michel.

Peintres : J.-B Dupommereulle, François Delaporte.

Charron : Claude Gonot.

Bourrelier : Antoine Martin.

Selliers : Dominique Brun, Jacques Deschamps.

Bâtier : Charles Huguet.

Serruriers : Pierre Ruquet, François Chazerand, Louis Malleret, Hyacinte Rothal, Jean Perrot.

Taillandier : Jean Leclerc.

Arquebusiers : J.-B. Pérasse, Gaspart Bouillet.

Couteliers : Pierre Constant, Jacques Dechaud, Roch Dechaud, Jacques Gaumet, Jean Gaumet, Claude Nuret, Dessalle.

Cloutiers : Claude Laurent, Gilbert Laurent, Yves Lemoine, Maret le père, Etienne Ravaud, Jean Gigounel, François-Amable Huguet.

Chaudronnier : Louis Combe.

Cordiers : Pierre Thouet, Jean Nuret.

Chanvreurs : Grégoire Debloux, François Petit, Jean Lougnon.

Maréchaux : Gilbert Lossedat, Joseph Legroin, François Auclerc, Gilbert Auclerc, Gilbert Porte, Jean Labourdeau, Louis Labourdeau.

Potiers : Guillaume Petit, Gilbert Boujon, Jean Bertrand, Joseph Repauzet, Gilbert Germain.

Ciriers : Cartier, Gilbert Matet, François Bidon.

Horlogers : Joseph Deloub, Marc-François Lasauzais, Jean-François Martin.

Voituriers : Pierre Perrot, Jean Danton, André Fonvielle, Jean Pannetier.

CULTIVATEURS

Vignerons : Jean Joly, Martin Missioux, Jacques Regrain, père, Jean Martinet, Charles Desvaux, Antoine Meynot, Charles Aupetit, Gilbert Tourier, J.-B. Villatte, Philippe Boulignat, Antoine Contamine, Gilbert Bierjon, Gilbert Messioux, Gilbert Morlon, Annet Villatte, Antoine Melugeau, Gilbert Legay, Pierre Boulignat, Antoine Falancher, Gilbert Cheville, Antoine Jalinat, Gilbert Alamargot, Antoine Godignon, Antoine Rollin, Jean Lagarde, Jacques Martinet, Claude Fancchère, Gilbert Jaillet, Gilbert Boulignat, autre Gilbert Boulignat, Jean Joly, François Depeige, François Gobinet, Louis Monnet, Claude Lafont, Gilbert Battet, Michel Gillemona, Jean Soulandra, Gilbert Geidet, François Messioux, J.-B. Redon, Gilbert Menestraud, Gabriel Huguet, Jacques Gillet, Gilbert Gomichon, Jean Labarre, Pierre Gaume, Gilbert Chabot, Philippe Aucante, Antoine Lebourg, Blaise Meynot, François Clément, Gilbert Villatte, Gilbert Chapy, Gilbert Lécluze, Pierre Godignon, Jean Peyroux, J.-B. Jalinat, Annet Ducoint, Gilbert Huguet, Gilbert Chapy, Jen Vinet, Patrocle Regrain, Gilbert André, Jean Dumas, Jean Giraud, Jean Geidet, Laurent Tarret, Gilbert Thomas.

Jardiniers : Etienne Lognon, Michel Boutin, Gilbert Farsat, Claude Lognon, François Legrand, Alexandre Massel, Jean Duvaud, Jacques Rochelet, Claude Vallet, Gilbert Deportel, Michel Monnetet, Pierre Forestier, Louis Dupuy, François Dupuy, Gilbert Baptistat, Jean Perrot, Antoine Lougnon, Antoine Barthou, Jacques Saunier.

Journaliers : Henri Peyroux, Etienne Chevalier, Georges Kintzinger, Jean Roudel, Louis Pernière, François Cluzel, Etienne Martin, Jean Fonvielle, Jean Lauvergnat.

Laboureurs : Jean Mathonat, Gilbert Valleau, André Dupuy, Jean Raynaud.

Domestiques : Pierre Virolet, Jean Hugaud.

OFFICES DIVERS

Châtelains : Gilbert-François Meunier-Dessagne, châtelain de Tizon ; Jean-Raymond Perrot, ancien châtelain de Tizon.

Officiers : Jacques Deschamps de Verneix fils, officier des grenadiers royaux ; Louis-Antoine-Hubert du Verdier, capitaine de cavalerie ; Deschamps de Lavareinne, chevalier de Saint-Louis, chef d'escadron au régiment de cavalerie royale de Normandie ; Deschamps de Savigny, capitaine-commandant des grenadiers du régiment d'infanterie de Hainaut ; Gilbert Deschamps de Clayolles, chevalier de Saint-Louis ; Nicolas Garreau de Buffeix, chevalier de Saint-Louis.

PROFESSIONS DIVERSES

Étapier : Philippe Clément.
Musiciens : Henri-Etienne Arménault, J.-B. Mulet.
Organiste : Antoine Pothier.
Maître de danse : Jacques Bernard.
Valet de chambre : Gaspard Seguy.
Concierge : Jacques Balanger, concierge du château.

SIGNATAIRES
DU SERMENT CIVIQUE DONT LA PROFESSION N'EST PAS INDIQUÉE

Aupetit, Auroy, Auclerc, Alain, Charles Aumaistre, Michel Aufraisne, Jacques Avial, Louis Aucante ; Barthélemy Alaroze, écuyer.

Beaujon, Berger, Berthier, Bourel de Givrettes, Bonhomme de la Jaumont, Bodeau de Villebret Gilbert, Bourges Mathieu, Bourges Charles, Bompoix Jacques, Baladier Jean, Blondeau Antoine père, Bulté Jean, Boudard J.-B., Brade (Jean de) marquis, Bordez J.-B., Bordez Mathieu, Bordez Nicolas, Bernardie Gilbert, Berthon Louis, Breignard Antoine, Belair (de) commandeur de la Rochaymon.

Chapelard, Cornereau Pierre, Chatron François, Conord Marc-Antoine, Cyton Joseph, Cartier Joseph, Cave Louis, Cluzel Claude ; Chapelle, abbé.

Daron Charles, Dechaud François, Derret, Dumont, Desale, Deneuvy Pierre, Duverdier fils, Dechaut Pierre, Duthell Jacques, Dublanchet Guillaume, Dumoutier François, Debise Charles, Dupeyroux Louis gentilhomme, Demeurat Pierre.

Foissard, Fradel (Hyacinthe, chevalier de), Fargin Philippe bourgeois, Fougeret Pierre, Filliâtre J.-B., Fournier (Louis-Charles) de Boismarmin, chevalier.

Goucret, Gautron, Gannat Quintien, Garrault Claude-Antoine, Gaborie Alexandre, Govignon Michel, Gaumet J.-B., Godignon Gilbert, Godignon François, Guéry Claude, Guérin Pierre.

Jouannique Gilbert fils, Joye Gilbert bourgeois ; Jeannot de Barthillat (Antoine-Joachim), chevalier.

Levers, Lasauzais Jean-Gilbert, Labourdellerie Pierre ; Legroing (Gilbert, marquis), chevalier, seigneur de Treignat.

Martin, Miet, Michaud, Martin Antoine, Mazeron, Mercier, Maugenest, Méténier de la Bussière (Mathieu), Michard Antoine, Maisonneuve Jean, Meusnier Gilbert, Meynot Antoine l'aîné, Mi Antoine.

Neyraud, Nivelon, Nuret Louis.

Portier, Pasquier Michel, Philippon, Paulat, Pelletier Louis, Pic J.-B., Perrot de Saint-Angel Jean-Gilbert, Perrot Gilbert, Petit Gilbert, Panevinon de Marsat (Gilbert-Charles de), Petit Desforges Louis clerc, Pinthon François, ancien huissier, Pradine fils, Piot Gabriel.

Richard, Rocher André, Roquet Jean, Revidon Silvain, Reignez, Rivet Claude ; Roche Georges, employé dans les fermes.

Souliard, Sabouret père, Serre Louis, autre Serre Louis.

Thévenin, Toupriant père, Thomas Gervais, Thomazon Louis.

Valleton, Veingeat, Villatte aîné du Cluzeau (Georges-Louis) ; Villatte de Peufeilhoux (Jean-Antoine), chevalier de Malte.

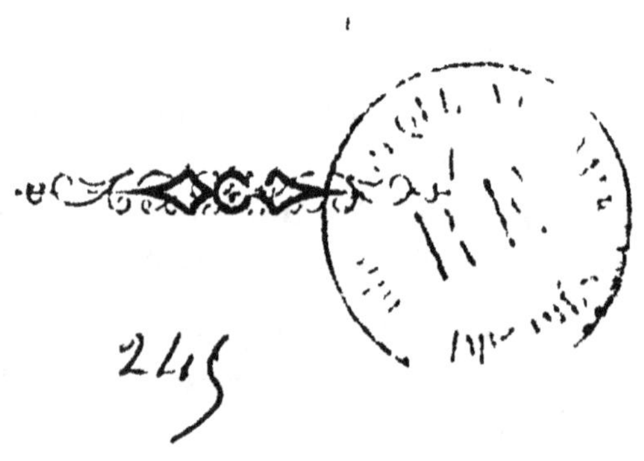

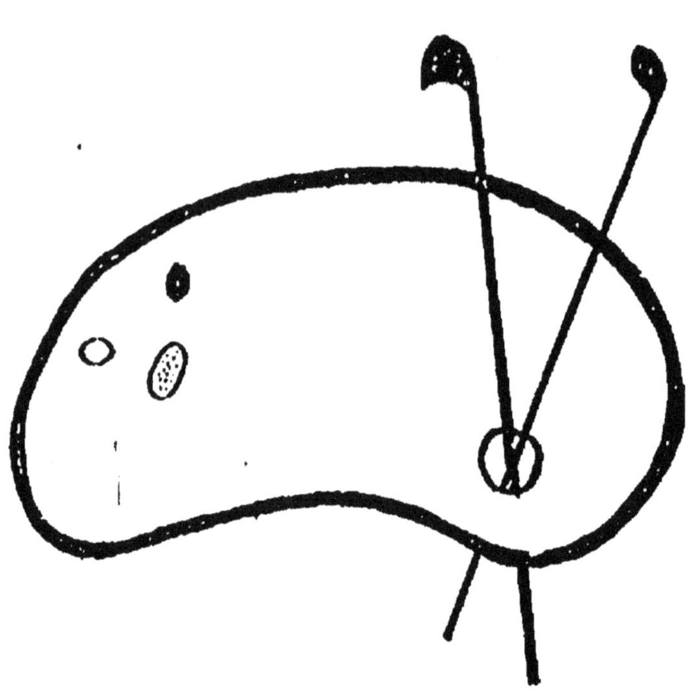

ORIGINAL EN COULEUR

N° Z 43-170 B